Stuart Wilde
WUNDER

STUART WILDE

Wunder

Eine Anleitung in sieben Schritten

Aus dem Amerikanischen
von Birgit Grundies

KAILASH

Die Originalausgabe erschien unter dem Titel
Miracles bei White Dove International, Taos, New Mexico.

Bibliografische Information der Deutschen Bibliothek:
Die Deutsche Bibliothek verzeichnet diese Publikation in der
Deutschen Nationalbibliografie; detaillierte bibliografische Daten
sind im Internet über http://dnb.ddb.de abrufbar.

© Stuart Wilde 1983
© des Vorworts Stuart Wilde 2003
© der deutschsprachigen Ausgabe Heinrich Hugendubel Verlag,
Kreuzlingen/München 1996, 2003, 2007
Alle Rechte vorbehalten

Umschlaggestaltung: Weiss / Zembsch / Partner:
WerkstattMünchen unter Verwendung eines Motivs
von mauritius images/Nonstock
Redaktion: Barbara Imgrund
Übersetzung Vorwort: Esther Szolnoki, Antonia von Boch
Produktion: Inga Tomalla
Satz: EDV-Fotosatz Huber/Verlagsservice G. Pfeifer, Germering
Druck und Bindung: GGP Media GmbH, Pößneck
Printed in Germany 2007

ISBN 978-9-7205-6015-3

Inhalt

Vorwort 7

Wunder 10

Erster Schritt:
Das Urgesetz verstehen 11

Zweiter Schritt:
Verstehen, warum wir hier sind 15

Dritter Schritt:
Die Art von Überzeugungen verstehen 19

Vierter Schritt:
Der Aktionsplan – Wunder auf Bestellung 35

Fünfter Schritt:
Energie verstehen 38

Sechster Schritt:
Zeit verstehen 45

Siebter Schritt:
Die persönliche Kraft verstehen 49

Über den Autor 63

Wunder stehen nicht im Widerspruch zur Natur,
sondern im Widerspruch zu unserem
Wissen von der Natur.

(Augustinus)

Vorwort

Dieses kleine Buch ist der Schlüssel zu der Erkenntnis, dass Sie nicht alleine sind. Es gibt eine geheimnisvolle Macht um Sie herum: Ihre Lebenskraft – das Urgesetz, wie wir es nennen. Dieses Urgesetz ist ein unendliches Kraftfeld in Ihrem Inneren, das sich auch auf Ihre Umgebung ausdehnt. Es hilft Ihnen dabei, Zusammenhänge zu verstehen und zu wachsen. Durch diese unsichtbare Kraft sind Sie mit allem Lebendigen verbunden, so dass Sie nach und nach die Dinge erlangen können, die Sie in diesem Leben erreichen möchten.

Sie werden jeden Tag stärker und leistungsfähiger. Es gibt keine Grenzen – Sie können so weit gehen, wie Sie wollen! Und Sie werden schließlich feststellen, dass alles, worauf Sie sich konzentrieren, kurz danach in Ihrem Leben geschehen wird. Das ist das Wunder dieser stillen Kraft, die sich seit langem bewährt hat – Millionen von Menschen haben es schon erlebt.

Ich kann nicht all meinen Lesern versprechen, dass sie im Lotto gewinnen werden – aber ein paar von Ihnen werden es erreichen. Und auch wenn Sie nicht sofort im Lotto gewinnen, gibt es doch viele andere Wünsche, die Ihnen das Urgesetz erfüllen kann.

Sie können so viel erreichen! Sie müssen sich nur angewöhnen, disziplinierter zu leben und versuchen regelmäßig zu meditieren, wenn Sie das nicht sowieso schon tun. Denn in der Zeit, in der Ihr Verstand ruht, werden Sie den ganzen Umfang der Kraft sehen, von der Sie ein Teil sind. In der Kraft werden Sie Ihr kreatives Potential entdecken und viele neue Ideen – oder Sie entdecken Möglichkeiten, Geld zu verdienen, über die Sie noch nie nachgedacht haben.

Wenn Sie erst einmal merken, dass Sie nicht alleine sind, werden Sie auch feststellen, dass Sie sich nicht mehr so abmühen müssen wie bisher. Machen Sie sich frei von den Schwierigkeiten des Lebens und ersetzen Sie Verwirrung durch Erkenntnis und die Schwere des Herzens durch die Leichtigkeit des Seins. Dieser Weg zur Stärkung des Selbst ist leicht zu verstehen und ebenso leicht anzuwenden. Es kommt nur darauf an, dass Sie Ihre Einstellung ändern, sich gegenüber der Kraft des Urgesetzes in

Ihrem Inneren öffnen und ihm erlauben, Sie mitzureißen. Die Kraft wartet nur darauf, von Ihnen entdeckt zu werden! Plötzlich lösen sich alte Blockaden und Frustrationen auf, Ihr Weg wird gradliniger und Menschen werden von sich aus auf Sie zukommen und Ihnen helfen. Ihnen wird Gutes widerfahren – wie von selbst, wie durch ein Wunder. Und so sollte es sein.

Stuart Wilde

Wunder

Wunder in Ihrem Leben entstehen zu lassen, erfordert nichts weiter, als die höhere Natur des Urgesetzes zu begreifen, nach dem das Universum (Sie eingeschlossen) funktioniert. Und weil dieses Gesetz unzerstörbar und deswegen unendlich ist, wissen wir, dass die Kraft, mit der Wunderwirker in der Vergangenheit arbeiteten, heute noch immer verfügbar ist. In unserer modernen Gesellschaft werden wir jedoch so erzogen, dass wir nur solche Dinge glauben, die wir auch logisch verstehen können. Uns wird nicht beigebracht, dass dem Urgesetz ein unbegrenzter Vorrat an Kraft innewohnt oder dass diese Kraft uns zugänglich ist und dazu benutzt werden kann, Wunder in unserem Leben zu wirken.

Erster Schritt:

Das Urgesetz verstehen

Wenn wir Wunder verstehen wollen, müssen wir uns zwei Aspekte des Urgesetzes ansehen. Erstens liegt tief in allen Menschen eine ungeheure Kraft, und zweitens ist diese Kraft unvoreingenommen und leidenschaftslos. Sie mögen sie den Universalen Geist nennen oder Christusbewusstsein oder wie immer Sie wollen – es ist diese Kraft, die den Menschen die universelle Lebensenergie erkennen lässt, die wir »Gott« nennen.

Die Lebensenergie ist ewig und universell, und sie ist, weil sie allumfassend ist, Teil aller Dinge. Mehr noch, sie ist ein wesentlicher Teil von jedem von uns. Folglich haben wir alle in uns **unbegrenzte Kraft**. Wunder in unserem Leben zu erzeugen heißt dann, uns mit der Kraft zu verbinden, ihre Eigenschaften zu verstehen und zu lernen, sie wirksam einzusetzen. Die Verbindung wird durch das Wissen geschaffen, dass die Kraft in Ihnen ist, und dadurch, dass Sie diese Tatsache anerkennen, indem Sie sagen: »Ich bin ewig, unsterblich, allumfassend und unendlich, und was ich bin, ist schön.«

Auf diese Weise erschließen Sie sich die Kraftquelle und sind nun bereit, weiter zu gehen, d.h. Ihre Eigenschaften zu betrachten.

Das Urgesetz ist unvoreingenommen und leidenschaftslos. Es weiß nichts von Ihren Wünschen, es unterscheidet nicht zwischen Ihren Hoffnungen und Sehnsüchten, Vorlieben und Abneigungen – es ist reine Energie. Es nimmt alles an, was Sie durch Ihre Gedanken, Gefühle und Ihr Tun aussenden, und gibt Ihnen, leidenschaftslos, alles als Spiegelung zurück, in Gestalt von Ereignissen, wie Sie sie tagtäglich erleben.

Der Elektrizität nicht unähnlich, die ein Bordell genauso erleuchtet wie einen Betsaal, macht das Urgesetz keinen Unterschied zwischen verschiedenen Formen von Energie in Ihrem Leben. Es wird Ihnen alles geben, woran Sie glauben – nicht mehr und nicht weniger. Der Schlüssel für das Verstehen von Wundern ist daher der Blick auf die Anschauungen und Überzeugungen, die Sie in Form von Gedanken und Gefühlen ausdrücken.

Bei Ihrer Geburt kennen Ihre Gedanken und Gefühle keine Grenzen, denn Ihr Verstand ist ein unbeschriebenes Blatt. Ein kleines Kind nähert sich dem Urgesetz mit einer natürlichen Reinheit, die von keiner einengenden Überzeugung getrübt ist. Kinder tun oft das scheinbar Unmögliche: Ohne Rücksicht auf ihre physischen Grenzen fahren sie mit dem Familienauto davon oder spazieren auf einer hohen Mauer entlang. Erst später lernen sie durch Erziehung, ihre Erwartungen einzuschränken.

Aber diese Beschränkungen oder Grenzzäune sind Illusionen. Sie sind aus Überzeugungsmustern gebildet, die meist aus Unwissenheit entstehen und dann von Generation zu Generation weitergereicht werden. Diese Ansammlung von Überzeugungsmustern, das »kollektive Unbewusste«, wie C.G. Jung es nannte, erlangt im Lauf der Zeit immer mehr Gültigkeit, und schließlich werden die Vorstellungen, die spätere Generationen als physische Realität erleben, steif und unverrückbar. Es ist so, als hätten Milliarden Leute, die vor Ihnen hier waren, festgelegt, was Sie auf dem Planeten Erde erleben werden und was nicht.

Diese Steifheit lässt keinen Raum für außergewöhnliche Fähigkeiten oder das Erkennen, dass wir in einer Zeit der schnellen Entfaltung leben. Grundmauern werden von einer Bewusstseinslawine weggewaschen, und wir sind nicht länger bereit, über große Wunderwirker nur zu lesen; wir wollen das Wundermachen selbst erleben.

Den meisten Menschen ist dies nicht möglich, da sie innerhalb ihrer körperlichen und geistigen Grenzen gefangen sind – ihre Erziehung ist so übermächtig, dass sie ihre gesamte Entwicklung überschattet – und sie so nur wenig spirituelles Wachstum erfahren.

Zweiter Schritt:

Verstehen, warum wir hier sind

Wir sind nicht unser Körper, unsere Gefühle, unser Verstand und auch nicht irgendeine der Strukturen und Begrenzungen, die wir um uns herum erfahren. Wir sind ein unendlicher Teil der Gotteskraft und benutzen die körperliche Form, um eine spirituelle Entwicklung zu erfahren mit Hilfe eines speziellen Unterrichts, der »Alltag« heißt.

Als Sie die irdische Bühne betraten, verließ die Energie, die Ihr **wirkliches Ich** ist, ihren Aufenthaltsort in den höheren Dimensionen reinen Lichtes und entschied sich, den Körper zu betreten, in dem Sie jetzt leben. Sie haben sich die Umstände dieses Lebens ausgesucht, weil das der nächste Schritt in Ihrer unendlichen Entwicklung war und weil dies Ihnen die Möglichkeit eröffnete, Ihr spirituelles Wesen zu entfalten und zu einem noch großartigeren Ausdruck der unendlichen Lebenskraft zu werden.

Vielleicht sagen Sie jetzt: »So ein Quatsch! Warum hätte ich mir gerade diese Lebensumstände ausgesucht, diese Familie, diese Gesellschaft, diese Mitmenschen? Warum habe ich mir keine anregendere Umgebung ausgesucht oder einen schöneren Körper oder einen klügeren Kopf?« Die Antwort liegt jenseits der körperlichen Erscheinungsebene. Als Sie mit Ihrer Geburt diese Dimension betraten, gab es in Ihrem Bewusstsein einen höheren Auftrag – ein Ziel. Die Art dieses Ziels ist in Ihrem tiefsten Inneren eingeschrieben. Egal wie Sie sich selbst fühlen, das, was Sie heute sind, ist tatsächlich ein Teil dieses Ziels in unterschiedlichen Stufen der Vollendung.

Erst seit Ihrer Geburt speichert Ihr Verstand Ereignisse, Gedanken und Gefühle. Er weiß nichts von Ihrem höheren Auftrag und versteht auch nichts vom Urgesetz, das mit Ihren grenzenlosen Möglichkeiten in Wechselwirkung steht. Warum? Es gibt zwei Gründe.

🍀 Erstens: Würden Ihr Verstand, Ihre Gefühle und Regungen etwas über das Wesen Ihres Auftrags im Leben wissen, so gäbe es keine Herausforderung und keine Suche, und Ihre Entwicklung würde darunter leiden.

❦ Zweitens: Das Verständnis des Übernatürlichen ist meist auf Überzeugungen des Stammes oder der Religion gegründet. Diese sind aber nur ein unvollkommener Spiegel der Energie, ihrer Feinheit und der Art, wie sie mit ihrem Wandel unser tägliches Leben beeinflusst. Und deshalb wurde das wirkliche Verstehen des Urgesetzes noch niemals in die verschiedenen Überzeugungsmuster, die wir im kollektiven Unbewussten der Welt finden, miteinbezogen.

Lassen Sie uns zum Beispiel annehmen, dass es Ihr höheres Lebensziel ist, sich selbst lieben zu lernen und die volle kosmische Verantwortung für das zu übernehmen, was Sie sind. Und lassen Sie uns weiter annehmen, dass Sie auf dieser Erde schon einige Vorerfahrungen haben, bei denen Sie schwach waren und sich auf der metaphysischen Ebene gehen ließen, indem Sie sich an andere Menschen anlehnten, anstatt einen Beitrag zu Ihrer eigenen Energie oder Unterstützung zu leisten. Wenn Sie das alles im Voraus wüssten, würden Sie anfangen, eine Möglichkeit des Handelns einer anderen vorzuziehen. Mit dem Verstand würden Sie versuchen, Meinungen und Gefühle zu erzeugen, die Sie erreichen möchten, und so würde Ihr Verstand jede Ihrer Bewegungen beherrschen.

So vollzieht sich Entwicklung aber nicht. Schwäche können Sie nicht überwinden, indem Sie sie bekämpfen oder weg-denken. Schwäche überwinden Sie, indem Sie sie **hinter sich lassen**.

Das bedeutet, dass Sie aufmerksam werden für Ihre inneren Bestrebungen, die Sie schwächen, die Ihren Glauben an sich selbst untergraben und Ihre Selbstliebe schmälern, und dass Sie sagen: »Das will ich nicht länger sein.« Auf diese Weise verlassen Sie den zwielichtigen Pfad des kollektiven Unbewussten und beginnen eine Schulung der Kraft. Ab und zu werden Sie vielleicht schwach werden, aber wenn Sie sich einmal für die Seite der Stärke entschieden haben, dann wird die Kraft des Urgesetzes in verschiedenen Ausprägungen immer bei Ihnen sein.

Zuerst mag es ein Kampf sein, da Ihr Verstand nichts von dieser Art Gesetz weiß und auch nichts von Ihrem Auftrag auf Erden oder von den Gesetzen, die Ihre Entfaltung bestimmen. Er wird die Neigung haben, Sie aus seiner eigenen Erfahrung heraus logisch »beraten« zu wollen, und Logik ist der Tod für den Wunderwirker in Ihrem Innern.

Dritter Schritt:

Die Art von Überzeugungen verstehen

Der nächste Schritt auf Ihrem Weg, Wunder zu vollbringen, ist, sich die Art von Überzeugungen anzuschauen. Wenn Sie Überzeugungen und Gefühle überprüfen, dann beginnen Sie zu verstehen, wie Sie das Urgesetz erfolgreich anwenden können. Es ist nur natürlich, das Unmögliche herbeizusehnen, und gerade indem Sie das tun, entwickeln Sie feste Überzeugungen von dem, was getan oder nicht getan werden kann. Sie können eine bestimmte Höhe überspringen und nicht mehr, laufen eine bestimmte Zeit und nicht schneller, Sie akzeptieren eine bestimmte Position und erwarten keine bessere.

Weil die meisten Passagierflugzeuge mit einer Geschwindigkeit von fast 1000 Kilometern in der Stunde fliegen, braucht man im günstigsten Fall von New York nach Paris sechs Stunden Flugzeit. Das sind Tatsachen im kollektiven Unbewussten.

Und was ist, wenn ich Ihnen von einem Menschen berichte, der seinen Körper innerhalb von Sekunden über Tausende von Kilometern bewegen kann? Ihr Verstand würde seine Datenbank nach Erinnerungen durchsuchen und nichts Entsprechendes finden, worauf Sie den Schluss ziehen würden: unmöglich. Dann würden Sie vielleicht alle wissenschaftlichen Untersuchungen durchsehen, die Ihnen zugänglich sind, und wieder würden Sie zu dem Ergebnis kommen, dass dieses Kunststück unmöglich ist.

Alle wissenschaftlichen Erkenntnisse und das gängige Denken sind aus demselben kollektiven Unbewussten entstanden, und allein die Tatsache, dass Milliarden Menschen keinerlei Vorstellung davon haben, wie sich jemand innerhalb von Sekunden über 3000 Kilometer bewegen könnte, macht das Ganze unmöglich. Aber diese Milliarden Menschen irren sich.

Es gibt eine Dimension direkt hier auf der Erde, in der solch ein Kunststück möglich ist, und es gibt auch einige Menschen in der Gegenwart, die diese Dimension kennen und sie nutzen. Es ist nur eine Sache der Wahrnehmung und Überzeugung. Ihre Fähigkeit, Wunder in die Tat umzusetzen, beruht ausschließlich darauf, wie leicht und schnell Sie dem kollektiven Unbewussten entfliehen können. Nur Ihr Verhaftetsein im kollektiven Unbewussten oder in der Welt der Überzeugungen hält Sie fest.

Dieses Verhaftetsein, das Sie bei Ihrer Geburt akzeptiert haben, ist Ihre größte Herausforderung im Leben, und es ist Ihr geistiges Ziel, es zu überwinden. Sie merken schließlich, dass Sie das Altvertraute verlassen und einen Schritt ins Unbekannte tun müssen, um Teil eines höheren Bewusstseins zu werden. Deshalb sprechen auch alle Berichte vom Pfad der Eingeweihten von der Einsamkeit, denn wenn Sie die alte Energie hinter sich lassen, dann entsteht zunächst ein Gefühl des Verlustes.

Wenn Sie diesen Schritt machen, wird sich Ihre Wahrnehmung zunehmend erweitern, um sich für eine höhere Schwingung des Selbst zu öffnen. Sie werden schließlich verstehen, dass die Überzeugungen anderer Menschen ein Teil ihrer Entwicklung sind, aber nicht die Summe aller Wahrheiten darstellen. Wir nehmen das Leben durch unsere fünf Sinne wahr, »die Fenster der Seele«, und man hat uns beigebracht, welche Möglichkeiten diese Sinne haben. Aber sie besitzen alle eine Dimension, die viel tiefer ist als das, was normalerweise wahrgenommen wird, und diese Dimensionen werden sich Ihnen eröffnen, sobald Sie darauf zugehen.

Lassen Sie uns einen Blick auf die Gefühle werfen. Durch Gefühle können Sie in andere Welten gelangen, und Hellsinnlichkeit (eine gesteigerte Gefühlswahrnehmung) ist eine Fähigkeit, deren Entwicklung Sie recht schnell lernen können. Sie geht nicht so weit wie die außersinnliche Wahrnehmung, aber sie ist tiefgehend, und mit ihrer Hilfe erreichen Sie Gebiete der Wahrnehmung, die nur wenige Menschen je erfahren.

Alles um Sie herum ist Energie, Ihr Körper, Ihre verschiedenen Organe, Ihre Gedanken, der physische Ort, den Sie einnehmen, die Ereignisse in Ihrem Leben, all das ist Ausdruck von Energie. Einen Teil dieser Energie können wir durch die fünf Sinne wahrnehmen, aber das meiste liegt jenseits der normalen Wahrnehmung. Wenn Sie sich für die Kraft des Urgesetzes öffnen und den Verstand durch Konzentration und Übung kontrollieren, dann werden Sie feststellen, wie feinstofflich die Energien um Sie herum sind. Sie werden merken, dass Sie Ihre Gefühle als Führer durch Ihr Leben nutzen können. Sobald

Sie in eine Situation kommen, lenken Sie Ihre Gefühle auf das, was vor Ihnen liegt.

❧ Wie fühlt es sich an?

❧ Was sagt Ihnen das Urgesetz?

❧ Welche Bereiche sind im Fluss und welche nicht?

Nach einiger Zeit wird das eine einfache und sehr klare Übung. Vielleicht werden Sie nicht alle feinstofflichen Energien um Sie herum wahrnehmen können, aber Sie können lernen, sie zu fühlen, und Sie werden bald feststellen, dass das Urgesetz einen Weg findet, Sie mit seinen Informationen ganz überraschend zu erreichen.

Ereignisse, die in Ihrem Leben auf Sie zukommen, nehmen an Energie zu, und Sie können diese Energie schon Wochen, manchmal Jahre vor dem Eintreten des Ereignisses spüren. Die Wissenschaft behauptet, dass man die Zukunft nicht vorhersehen kann, und dies stimmt auch für diejenigen, die daran glauben. Wenn Sie aber aus der »Gruppenwahrnehmung« der Welt heraustreten, dann wird das Fühlen und sogar das Sehen der Zukunft zu Ihrer zweiten Natur.

Um sich das Urgesetz wirklich nutzbar zu machen, sollten Sie seine Äußerungen, und das sind grundsätzlich alle Ereignisse in Ihrem Leben, beobachten. Dann stellen Sie eine Verbindung her zwischen jedem Ereignis und den Gefühlen und Einstellungen, die ihm zugrunde liegen.

Machen Sie sich klar, dass immer dann, wenn die Dinge gut laufen, es einzig und allein daran liegt, dass Sie diese Vorstellung in das Urgesetz eingespeist haben und dass es geantwortet hat. Stellen Sie sich das Urgesetz vor als Angestellten in einem großen Versandhaus. Er bekommt Ihren Auftrag, ohne zu wissen, wer Sie sind. Wenn der Auftrag »Größe 42« lautet, dann verschickt er Größe 42. Es ist ihm einerlei, ob Ihnen Größe 42 passt oder nicht; er erledigt nur Ihre Bestellung.

Im täglichen Leben sind Ihre Gefühle, Gedanken und Einstellungen Ihre Bestellformulare. Das bedeutet, dass Sie sich ganz sicher sein müssen, was Sie vom Leben wollen, bevor Sie sich entschließen, Ihre jetzigen Lebensumstände zu verändern. Unsichere Botschaften stören das Urgesetz. Sie müssen deutlich schreiben und bereit sein, all das in Empfang zu nehmen, was Sie sich bestellen.

Einmal angenommen, Sie möchten gern eine große Summe Geld gewinnen, Ihren Job aufgeben und den Rest Ihrer Tage unter Palmen verbringen. Sie träumen von dem Geld, seufzen und sagen: »Wäre das nicht wundervoll?« Aber ist es wirklich das, was Sie wollen? Es könnte sein, dass Sie sich sehr bald langweilen, und obwohl Ihr Verstand gerne in der Sonne faulenzt, sagt Ihre innere Stimme: »Ich wäre besser geblieben, wo ich war, dort gab es mehr Entwicklungsmöglichkeiten.«

Erzeugen von Energie mit Hilfe des Urgesetzes bedeutet nicht, sich eben mal was wünschen, ob Sie es nun wirklich wollen oder nicht. Sie müssen sich klar werden, dass die Kraft in Ihnen ist, und von dem Zeitpunkt an, da Sie den ersten Schritt darauf zu gemacht haben, wird alles, was Sie erschaffen, Ihrem höchsten Wohl dienen. Es wird nicht immer genauso aussehen, wie Sie sich Ihren Wunsch vorgestellt haben, aber es ist gut, sich auf die Konsequenzen vorzubereiten.

Bevor Sie sich auf einen »Aktionsplan« einlassen, der Ihnen Wunder auf Bestellung liefert, sollten Sie einige Zeit darüber meditieren, welche Lebensbedingungen oder materiellen Güter Sie sich wünschen.

Das Urgesetz ist nur der Angestellte, der auf Ihren klaren und knappen Auftrag wartet. Die Währung, in der Sie bezahlen werden, ist **Überzeugung**.

Um etwas mit absoluter Sicherheit entstehen zu lassen, müssen Sie in sich dem Gefühl Raum geben, dass es bereits geschehen ist – dass die Umstände, die Sie sich wünschen, bereits Teil Ihres Lebens sind. Das kann schwierig sein, denn Ihr Verstand weiß nicht, wie das Urgesetz arbeitet, und er wehrt sich.

Sie behaupten: »Ich bin reich«, und Ihr Verstand widerspricht: »Du bist nicht reich.« Der Konflikt, der dadurch entsteht, lässt das Urgesetz, das den Wunsch Ihres Herzens gerade ausliefern will, zögern. Dieser Zusammenstoß von gegensätzlichen Energien ist schon immer die Herausforderung für die Schüler auf dem Weg der Einweihung gewesen. Es ist die Suche nach dem Gral, der Kampf mit dem Drachen.

Er besagt, dass niemand das Himmelreich im Innern betreten kann, ohne vorher den Drachen der Negativität in sich gezähmt zu haben, den er vom kollektiven Unbewussten übernommen hat. In Ihrer Vorstellung müssen Sie die irdische Ebene verlassen, obwohl Sie sehr wohl noch ein Teil der physischen Realität bleiben können.

Dimensionen sind nicht etwas, was irgendwo da draußen zwischen Ihnen und den Sternen liegt, sie sind innere Welten oder innere Reisen.

Diese Reisen haben eine innere Wirklichkeit und eine äußere Manifestation im Physischen; deshalb ist alles, was Sie sich vorstellen können, schon jetzt ein Teil von Ihnen. Die Tatsache, dass Sie noch nichts davon in der Hand halten, hat keine Bedeutung. Alles, was Sie sich vorstellen, ist in einem Zustand des schrittweisen Werdens.

Wenn Sie behaupten: »Ich bin reich«, dann müssen Sie anfangen, sich reich zu fühlen, reich zu denken und in Ihrer ganzen Haltung reich zu sein. Schauen Sie sich um in teuren Geschäften, trinken Sie einen Kaffee im besten Hotel der Stadt. Fangen Sie an, so zu handeln und zu fühlen, als hätten Sie bereits das große Vermögen, von dem Sie wissen, dass das Urgesetz gerade dabei ist, es an Sie auszuliefern. So erzeugen Sie auf Ihrer inneren Reise eine konkrete Wirklichkeit des Reichtums, die dann auch auf Ihrer äußeren Reise, in der physischen Welt manifest werden kann.

Wenn Sie dieses Gefühl und diese Kraft aufrechterhalten können und so leben, als sei Ihr Wunsch vom Urgesetz bereits erfüllt worden, dann wird dies auch geschehen, garantiert.

Halbherzig dürfen Sie allerdings nicht sein, sonst verschwenden Sie Ihre persönliche Kraft, und nichts wird passieren. Diesen Weg müssen Sie wie ein Krieger gehen, dann werden Sie Ihr Ziel erreichen. Ganz gleich, was Ihnen zustößt, wo Sie jetzt gerade stehen und welche Missgeschicke Ihnen begegnen. Ihr Wunsch wird Wirklichkeit werden. Dem Urgesetz ist es egal, ob Sie die Erfüllung Ihres Herzenswunsches annehmen oder nicht. Deshalb können Sie sich ruhig entschließen zuzugreifen.

Sie können alles haben, was Sie wollen, und wenn Sie es sich erschaffen, dann gehört es Ihnen. Oft meinen wir, dass wir es gar nicht verdienen, Erfolg, Reichtum, vollkommene Gesundheit oder all das zu haben, wonach wir uns sehnen. In der Kindheit hat man uns beigebracht, dass uns das alles nicht zustünde oder dass wir der Gesellschaft, unserer

Umgebung etwas schuldig seien. Oder dass wir mit einer besonderen Sünde beladen sind, für die wir erst büßen müssen, bevor wir uns an dem freuen können, was wir vom Leben wollen.

Das trifft alles nicht zu. Das Urgesetz unterscheidet nicht. Es nimmt Ihre Energie auf und liefert Ihnen Diamanten oder einfache Kieselsteine, je nachdem, was Sie eingespeist haben. Es ist sehr wichtig, sich die negativen Gefühle anzuschauen, die Sie sich selbst gegenüber haben. Es ist einfach zu sagen: »Ach, ich gewinne nie etwas« oder »Ich bin zu alt, mich wird keiner mehr einstellen« oder »Diese Person will nichts von mir wissen, weil ich nicht hübsch genug bin«. Solche Gedanken sind typisch für den Verstand und seine »logischen« Ratschläge.

Wunder sind nicht logisch, und was Sie am wenigsten brauchen, sind die logischen Ratschläge Ihres Verstandes. Wenn Sie solch einen Ratschlag bekommen, klopfen Sie Ihrem Verstand freundschaftlich auf die Schulter, danken Sie ihm und sagen Sie: »Ich nehme keine Energie an, die sich gegen meine unbegrenzte innere Kraft richtet«; und dann gehen Sie unbeirrt weiter.

Die unendliche Kraft ist so großherzig, so stark und so viel mehr als der Verstand, dass sie in einer anderen Dimension existiert und der Verstand Mühe hat, ihre Existenz überhaupt wahrzunehmen.

Das Einzige, was Sie bemerken, ist eine Eingebung, ein Gefühl oder eine Welle der Erregung. Sie können sie nicht wirklich hören, nicht berühren und nicht schmecken, aber sie kommt zu Ihnen wie eine leichte Brise, und wenn sie anfängt, in Ihrem Leben zu wirken, dann werden Sie das spüren an der Art der Ereignisse und Menschen, die Ihnen begegnen.

Bevor wir zum vierten Schritt kommen, dem »Aktionsplan«, wollen wir uns einige wichtige Punkte kurz noch einmal anschauen:

- Das Urgesetz oder der Lebendige Geist ist eine unbegrenzte Kraft in Ihrem Inneren. Deshalb ist das, was Sie sind, auch unbegrenzt.

- Das Urgesetz ist unvoreingenommen und leidenschaftslos. Es kann nicht unterscheiden. Es gibt Ihnen bereitwillig alles, woran Sie glauben.

- Sie sind weder Ihr Körper noch Ihre Gefühle noch Ihr Verstand. Sie sind ein Teil des Lebendigen Geistes, ein lernender Teil. Egal wie Ihre Lebensumstände sind, Sie können sich jederzeit an das Urgesetz wenden, denn es ist Ihr wirkliches Ich.

- Alles, was Sie sich erschaffen, indem Sie die höheren mystischen Aspekte des Urgesetzes verstehen, gehört Ihnen. Weil Sie es erschaffen haben, verdienen Sie es.

- Wunder sind keine Gottesgeschenke, sie sind ein Teil von dem, was Sie sind, und das ist Gott.

- Und zuletzt: Es ist das Wesen des Urgesetzes, im Gleichgewicht und in Harmonie zu sein.

Deshalb können Sie mit Ihrem »Aktionsplan« auch nicht in das Leben anderer Menschen eingreifen. Sie können das Urgesetz nicht auf andere Menschen lenken und sagen: »Dies und jenes soll meinem Freund/meiner Freundin geschehen.« Das wäre eine Einmischung, denn Sie kennen den übergeordneten Lebensplan Ihres Freundes oder Ihrer Freundin nicht, und Sie haben kein Recht, ihn zu verändern oder das zu beeinflussen, was dieser im Augenblick erlebt. Er muss das Leben selbst erfahren, denn auch er hat die unbegrenzte Kraft in sich, und es gehört zu seinem Wachstumsprozess, dass er diese Wahrheit entdeckt.

Das Urgesetz kennt keine zwei Arten von Energie, gut und schlecht, Heilige und Sünder. Es gibt nur Energie: eine Kraft, die alle Dinge durchdringt, und alles ist Teil dieser Kraft. Die Unterscheidung zwischen Gut und Schlecht existiert nur in Ihrer Wahrnehmung, denn wirkliche Energie urteilt nicht.

Es gibt intensive und weniger intensive Energie, und am Ende dieses Lebens werden Sie Gelegenheit haben, auf das zurückzuschauen, was Sie erreicht haben, d.h., wie weit Ihnen die Übung gelungen ist, in Ihrem Leben den Lebendigen Geist wahrzunehmen und zu nutzen. Diese Rückschau wird aber ohne Gefühle sein. Sie werden die Qualität (oder das Tempo) der Energie betrachten, die Sie erzeugt haben.

Falls Sie jemandem Schaden zugefügt haben, dann haben Sie damit Ihre Entwicklung behindert durch Herabsetzung der Lebenskraft in Ihnen. Das ist Ihre karmische Energie, und eines Tages werden Sie einsehen müssen, dass dies nicht die höchste Stufe Ihres

Pfades war. Aber über andere Menschen können Sie kein Urteil fällen, da deren höheres Lebensziel in der Energie, die Ihr Verstand aufnimmt, nicht enthalten ist. Es gibt für Sie keinen Weg zu erfahren, ob das, was die anderen gerade erleben, nicht genau das ist, was das Karma für sie vorgesehen hat, um an diesem unendlichen Punkt ihrer Entwicklung wachsen zu können.

Es gibt keine unglücklichen Zufälle und keine Opfer. Jeder Mensch ist für seine eigene Entwicklung verantwortlich. Jeder zieht die Ereignisse an, die ihm im Leben begegnen. Man gibt eine Bestellung auf, und das, was man geliefert bekommt, ist ein Scherbenhaufen. Das ist ein Teil des Musters, nach dem man lernt: Versuch und Irrtum.

Dieses Leben gehört Ihnen. Es mag sein, dass Sie Beziehungen haben und andere lieben, aber letztendlich ist das, was Sie aus Ihrem Leben machen und wie Sie es führen, Ihre eigene Entwicklung. Wir alle lernen, die Verantwortung für unsere eigenen Lebensumstände zu übernehmen, und das Urgesetz erwartet von uns nicht, dass wir Verantwortung für die Entwicklung anderer Menschen übernehmen. Das mag ein wenig hart klingen, aber das Urgesetz ist unglaublich klar und gerecht.

Deshalb ist Unglück auch so nützlich. Es erlaubt den Menschen, nach etwas Ausschau zu halten, das jenseits der Alltagsrealität liegt, und es bringt sie mit ihrem wahren inneren Selbst in Berührung. In der Verzweiflung greifen sie zurück auf ihre unbegrenzte Kraft, und es wird ihnen klar, dass alles verändert werden kann, dass Leiden ein Produkt ihres inneren Selbst ist und dass sie dieses Selbst umwandeln können, wenn sie ihren Blick darauf richten.

Man sagt, dass es keine unheilbaren Krankheiten gibt, sondern nur unheilbare Menschen, und dasselbe gilt für die gesamte Energie, die vom Urgesetz ausgeht. Auf lange Sicht wird es nichts nützen, Ihre Lebensumstände nur körperlich oder mit dem Verstand in Ordnung bringen zu wollen, denn tiefverwurzelte Probleme werden Ihr Leben lang an die Oberfläche kommen, in den unterschiedlichsten Gestalten. Um etwas ein für allemal zu überwinden, müssen Sie in sich hineinschauen und dort den wahren Grund für die Störung entdecken.

Dieser Prozess oder diese Entdeckung wird Ihnen mehr Energie verschaffen, die Sie für die Dinge einsetzen können, die Sie vom Leben wollen.

Vierter Schritt:

Der Aktionsplan – Wunder auf Bestellung

Schreiben Sie, in der Reihenfolge ihrer Wichtigkeit, alle Dinge und Lebensumstände, die Sie sich wünschen, auf ein Stück Papier.

Lassen Sie sich keine »Ratschläge« von Ihrem Verstand geben, er hat seine Grenzen. Greifen Sie nach den Sternen, und seien Sie **sicher**, dass Sie nichts auslassen. Verändern Sie Ihre Liste so lange, bis Sie mit ihr zufrieden sind, aber seien Sie klar in allem, was Sie wollen.

Benutzen Sie genaue und eindeutige Wörter, um die Ziele zu beschreiben, die Sie erreichen wollen. Denken Sie daran, das System funktioniert, deshalb müssen Sie Ihre Wünsche in klaren Worten beschreiben.

Tun Sie nun Folgendes:

Lesen Sie Ihre Liste dreimal am Tag. Einmal beim Aufstehen, einmal in der Mitte des Tages und einmal vor dem Schlafengehen.

Meditieren Sie ab und zu über Ihre Wunder, und seien Sie sicher, dass das Urgesetz Ihre Bestellung erhalten hat und schon dabei ist, sie auszuführen.

Bewahren Sie Stillschweigen. Das Reden über Ihre Wunder verringert die Energie drastisch. Deshalb können Sie andere nicht an Ihren Wundern teilhaben lassen, bevor sie geschehen sind.

Beziehen Sie sich in Ihrem Tun und Denken immer so auf Ihre Wunder, als ob alles, was Sie sich wünschen, schon eingetreten wäre.

Seien Sie offen für die inneren Eingebungen der grenzenlosen Kraftquelle, da sie Ihnen Wege zeigen wird, wie Sie bekommen können, was Sie sich wünschen. Machen Sie sich klar, dass das Urgesetz Ihre Bestellung auf der physischen Ebene liefern muss, damit Sie etwas damit anfangen können. Die Erfüllung Ihres Herzenswunsches kann von überall her kommen, grenzen Sie also das Feld Ihrer Erwartungen nicht ein. Bleiben Sie zu jeder Zeit offen und anpassungsbereit.

Lächeln Sie viel – das erste Wunder ist schon unterwegs!

Fünfter Schritt:

Energie verstehen

Da der Verstand nicht wissen kann, wie das Urgesetz Ihr Wunder liefern wird, verschwenden Sie keine Zeit damit, es herausfinden zu wollen. **Wissen** Sie einfach, dass es so ist. Ihre Gedanken sollen wie Eicheln sein, die mit der Zeit zu Eichen heranwachsen; wenn Sie sie ausgraben, um nachzuschauen, wie sie sich entwickeln, dann wird Ihr Baum eingehen.

Es ist wichtig, Ungeduld zu vermeiden. Konzentrieren Sie sich auf das Gefühl, dass das Urgesetz Sie in keiner Weise im Stich lassen wird, denn alles im Universum ist Energie.

Körperliche Gegenstände erscheinen als solche nur, weil ihre Atome und Moleküle sich mit großer Geschwindigkeit bewegen. In Wahrheit ist die Realität gleichzeitig körperlich und unkörperlich, und das gilt auch für die Form der Gedanken. Sie sind wirklich und haben sogar mehr Kraft als die physische Wirklichkeit, weil sie nicht an die Grenzen des Gegenständlichen gebunden sind.

Aber Sie können sie nicht auseinandernehmen und im Einzelnen untersuchen. Sie müssen sie erschaffen und dann fliegen lassen.

Durch Begeisterung und Überzeugung setzen Sie das Urgesetz in Kraft und ermutigen es, Ihre Bestellung auszuführen. Versuchen Sie immer, Ihre Gedanken klar und auf das Ziel gerichtet zu halten. Wenn Zweifel hochkommen, dann erlauben Sie nicht, dass sie sich lange in den Vordergrund schieben. Betrachten Sie die Zweifel von einem höheren Standpunkt aus.

Machen Sie sich klar, dass es nur der Verstand ist, der ärgerlich wird, weil er nichts versteht und aus Unwissenheit heraus Einwände erfindet, und dass alles, was Sie in Bewegung gesetzt haben, auch geschehen wird.

Da Sie mit der Kraft arbeiten, wird sie einen Weg finden, Ihnen an jeder Kreuzung zu zeigen, wo es weitergeht. Glauben Sie daran. Sie müssen wissen, dass diese innere Quelle genug Kraft hat, Ihnen Aufregung und Abenteuer zu bescheren, von denen Sie nicht zu träumen wagten. Halten Sie sie rein, schweigen Sie, und denken Sie daran, Ihre Methoden für sich zu behalten.

In allem, was Sie umgibt, lebt der Lebendige Geist auf unterschiedliche Art und Weise. In der belebten Natur drückt er sich stärker aus als in der unbelebten, aber er ist überall. Je stärker Sie in Ihrem Innern mit dem Urgesetz in Berührung kommen, desto stärker ist Ihre Verbundenheit mit den Dingen um Sie herum. Alles wird für Sie zu einem Symbol und stärkt Sie. Die Welt hilft Ihnen, und je erfüllter Sie werden, desto mehr Dimensionen können Sie sich eröffnen.

Eines Tages ging eine sehr gute Freundin die Straße entlang und fragte sich, was sie mit ihrem Leben anfangen sollte. Sie war innerlich und äußerlich an einer Kreuzung angekommen. Das Leben war schal geworden. Sie flehte um eine Eingebung und bat das Urgesetz, ihr einen Weg zu zeigen. Als sie die Kreuzung überqueren wollte, wäre sie beinahe von einem einbiegenden Auto erfasst worden, aber als der Wagen mit quietschenden Reifen um die Ecke fuhr, fiel ein Buch aus seinem Kofferraum.

Es war ein Buch, das von der Suche des Menschen nach dem Urgesetz handelte, und es veränderte ihr Leben. Kurz danach verließ sie die Stadt und ging einen vollkommen neuen Weg in ihrer Entwicklung, der sie nach einiger Zeit auf ungeheure Höhen führte, in Länder und Beziehungen, von denen sie sich vorher nicht hätte träumen lassen.

Das Urgesetz hat ihr in Form dieses Buches eine Lehre erteilt, und da sie schon darauf eingestimmt war, konnte sie davon profitieren. Und so sollte es auch für Sie sein.

Während Sie auf Ihr Wunder hinarbeiten, sollten Sie aufmerksam auf jedes Zeichen achten, auf jede Veränderung um Sie herum, dann werden Sie merken, wie das Urgesetz mit Ihnen in Verbindung tritt. Je mehr Sie ihm vertrauen, desto mehr Kraft hat die Energie, sich Ihnen zu zeigen, und ungewöhnliche Dinge werden geschehen. Ihre Energie beschleunigt sich, und die Möglichkeiten sprießen geradezu aus dem Boden. Dann **wissen** Sie, dass die Kraft wirklich bei Ihnen ist.

Diese Einstimmung wird Ihnen mehr als alles andere helfen, Ihre Wünsche zu verwirklichen. Sie können nicht in einem Bereich des Urgesetzes negativ handeln und dann erwarten, dass in einem anderen Bereich Ihre Wunder reibungslos vollbracht werden.

Wenn Sie Ihr Leben genau beobachten, werden Sie Experte darin, Symbole zu lesen, und Sie werden einsehen, dass Sie der Einzige sind, der für alles verantwortlich ist, was Sie sind, und dass alles um Sie herum ein Ausdruck von Energie ist. Die Kleidung, die Sie tragen, die Dinge, die Sie sagen, die Menschen, mit denen Sie zusammen sind, die Nahrung, die Sie essen, die Orte, die Sie besuchen, mit allem zeigen Sie dem Urgesetz, was Sie sind.

Die Qualität dieser Äußerungen oder Ihre Fähigkeit, sich auf sich selbst und Ihre Umgebung einzustimmen, ist der Schlüssel zu Ihrer spirituellen Entfaltung. Das, was Sie sind, hat große Kraft. Deren Energie vibriert und spiegelt das Maß an Lebendigem Geist oder Gotteskraft wider, das Sie ausdrücken. Je mehr Sie an Ihrem Leben arbeiten und Ihre Verantwortlichkeit akzeptieren, desto mehr Energie werden Sie haben, und desto mehr können Sie erwarten.

Nehmen Sie einmal an, Sie haben ein bestimmtes Projekt und wollen sicher sein, dass Ihnen dafür die größtmögliche Energie zur Verfügung steht. Sagen wir, es handelt sich um ein Vorstellungsgespräch. Sie haben die angebotene Stelle auf Ihre Wunderliste gesetzt, das Urgesetz hat bereits eine Tür geöffnet, und Sie haben Ihr Ziel schon halb erreicht!

Tun Sie nun Folgendes:

Bleiben Sie dabei, Ihr Wunder wirklich wahr werden zu sehen. Stellen Sie sich bis 72 Stunden vor dem Gespräch vor, dass Sie die Stelle bekommen haben, dann vergessen Sie das Ganze.

Stehen Sie am Tag des Vorstellungsgesprächs früh auf. Verbringen Sie so viel Zeit wie möglich allein für sich. Vermeiden Sie Konflikte mit anderen. Sagen Sie dem Urgesetz, dass Sie bereit und willens sind, das Wunder anzunehmen, das Sie bestellt haben.

Halten Sie sich fern von Dingen, die Ihre Energie schwächen, wie Alkohol und Drogen.

Essen Sie etwas Leichtes. Das Urgesetz verwirklicht sich in Ihnen und durch Sie. Wenn Sie viel und schwer essen, dann verlangsamt sich Ihre Energie, und das Urgesetz in Ihrem Inneren hat Schwierigkeiten, sich auszudrücken. Sie sollten Salat und Obst essen, natürliche gesunde Nahrung in kleinen Mengen. Essen Sie keine industriell vorgefertigten Nahrungsmittel.

Bevor Sie zu Ihrem Gespräch aufbrechen, entspannen Sie sich einen Augenblick. Sehen Sie die Situation im Fluss und positiv. Wenn Sie die Person, die Sie treffen wollen, schon kennen, dann sehen Sie vor Ihrem inneren Auge, wie er oder sie lächelt und gut gelaunt ist und ganz offen für Ihre Energie. Stellen Sie sich vor, dass das Gespräch gut verläuft und dass Ihnen das Wunder geliefert wird.

Sechster Schritt:

Zeit verstehen

Das Urgesetz kennt keine Zeit. Die Dinge sind in einem Zustand der fortlaufenden Entwicklung. Ein Baum hat keinen Begriff von Zeit, denn sein Wesen ist ewig. Er ist empfänglich für die Wärme der Sonne, aber er ist nicht »in der Zeit«. Er entwickelt sich aus dem Samen und wird allmählich größer, bis er seine volle Reife erreicht, und dasselbe gilt für das Urgesetz. Es kann Sie sofort beliefern, aber wenn Ihre Energie noch nicht ganz da ist, dann scheint es, als würde es sich Zeit nehmen. Lernen Sie, geduldig zu sein und auf Ihr Ziel zuzusteuern in dem Wissen, dass Ihre Gedanken materielle Wirklichkeit werden.

Wenn Sie ein ganz bestimmtes Wunder ansteuern und sich dabei unerwartet ein anderer Weg öffnet, dann gehen Sie ihn. Das Urgesetz hat seltsame Liefergewohnheiten, und das, was Sie zu wünschen meinen, ist vielleicht nur Ihre Art, ein völlig anderes Ziel auszudrücken.

Ich hatte einmal einen guten Freund, der unbedingt Filmregisseur werden wollte. Er machte seinen Abschluss an der Filmhochschule in London, konnte dann aber wegen formaler Probleme keine Arbeit finden. Um im englischen Filmgeschäft arbeiten zu können, musste man damals Gewerkschaftsmitglied sein, aber zugleich konnte man nicht Mitglied werden, ohne schon eine Stelle zu haben. Die Gewerkschaft war eine Art »geschlossene Gesellschaft«, und das Wunder meines Freundes war in der Klemme!

Eines Tages traf er wie aus heiterem Himmel einen alten Schulfreund, der ein Restaurant besaß, und da er finanziell auf dem Trockenen saß, war er froh, einen Job als Kellner annehmen zu können. Jeden Tag arbeitete er hart und verbrachte seine freie Zeit damit, sich Filme anzusehen und seinen Traum lernend lebendig zu halten. Jeden Mittag kam ein gutgekleideter alter Herr ins Restaurant. Mein Freund bediente ihn zuvorkommend, und mit der Zeit wurden beide Freunde.

Eines Tages fragte mein Freund den alten Herrn nach seinem Beruf. Der Alte sagte, dass er gerade dabei sei, die Stellung, die er jahrelang innegehabt hatte, aufzugeben, um sich zur Ruhe zu setzen. »Was ist das für eine Stellung?«, wollte mein Freund wissen. »Ach, die ist so was von langweilig«, antwortete der Alte, »ich bin Vorsitzender der Filmemachergewerkschaft … da passiert nicht viel.«

Fünfzehn Jahre später, als ich mir auf einem Flug quer durch die USA das Filmprogramm ansah, das sie an Bord zeigten, sah ich zu meiner großen Freude den Namen meines Freundes im Vorspann eines bekannten Films. Sein Wunder war vollbracht worden.

Sobald Sie ein Energiefeld betreten, können Sie nicht mehr sicher sein, was passieren wird. Halten Sie Ausschau nach Zeichen, nehmen Sie bei Entscheidungen Ihre Gefühle zu Hilfe, und wenn Sie dann immer noch nicht sicher sind, dann machen Sie **nichts**.

Wenn die Richtung stimmt, dann merken Sie das automatisch. Wenn Ihr Entscheidungsprozess aber dazu führt, dass Sie durch schwere Prüfungen und Leiden gehen müssen, dann können Sie sicher sein, dass dieser Weg nicht Ihr Weg ist. Grundsätzlich ist es gut, sich daran zu erinnern, dass Entscheidungen, die Sie lange abwägen müssen, gewöhnlich ein

Fehler sind. Wenn das Urgesetz überbringt, werden Sie es wissen.

Beginnen Sie Ihre Wunderliste mit ein paar bescheidenen Bestellungen. Wenn Sie erleben, dass das Urgesetz Sie beliefert, dann werden Sie die Kraft des Erfolges spüren, und schon das allein wird eine wertvolle Bekräftigung sein. Denken Sie jedes Mal, wenn Sie Ihre Liste neu überarbeiten, einen Augenblick daran, wie gut Ihr letztes Wunder funktioniert hat. Bejahen Sie Ihre Kraft, indem Sie sich Ihren Erfolg innerlich vor Augen führen, und wenn Sie dann ein Wunder nach dem anderen erreichen, werden Sie sich auch zutrauen, zu anderen Dingen überzugehen.

Siebter Schritt:

Die persönliche Kraft verstehen

Zusammenfassend wollen wir untersuchen, wie Sie eine kraftvolle Energie um sich herum aufbauen können. Die natürliche negative Ausrichtung Ihres Verstandes wird Ihnen einreden wollen, dass Ihre Wunder nicht wahr werden.

Um daher Erfolg zu haben, müssen Sie immer wieder lernen, Ihren zweifelnden Verstand auszuschalten. Erinnern Sie sich daran, dass Sie nicht Ihr Verstand sind und dass Sie keine Energie aufnehmen, die Ihren Zielen entgegensteht. Auf diese Weise schaffen Sie in Ihrem Leben ein Muster positiver Bestärkungen.

Schreiben Sie mit Ihren eigenen Worten neun Affirmationen auf, die Ihren Glauben an sich selbst und an die vollkommene Erfüllung in diesem Leben ausdrücken. Drei Affirmationen für den Morgen, drei für den Tag und drei für die Nacht.

Bevor Sie sich Ihre Wunderliste noch einmal anschauen, entspannen Sie sich, zentrieren Sie sich und lesen Sie dann mit Ruhe Ihre Affirmationen.

Geben Sie Ihren Affirmationen Stärke, achten Sie darauf, dass Sie ihre Kraft spüren und dass sie Ihnen etwas Besonderes bedeuten. Die Worte und Gefühle, an die Sie glauben, haben die größte Energie.

Im Folgenden finden Sie einige Beispiele, nach denen Sie verfahren können.

*Ich bin eine kraftvolle und positive
Persönlichkeit, und alle Ereignisse dieses
Tages dienen meinem höchsten Wohl.*

*Das, was ich bin, ist schön, und ich
ziehe an diesem Tag nur Schönheit und
Wohltuendes an.*

Dieser Tag ist ein Tag des Gleichgewichts.
Ich bin mir meines Körpers und seiner
Bedürfnisse vollständig bewusst.

*Das, was ich bin, ist ewig,
unsterblich, allumfassend und unendlich.
Jeden Augenblick meines Lebens sehe
ich nur Schönheit und Stärke.*

*Ich sehe in allen Menschen,
die es zu mir zieht, nur Schönheit, und das,
was ich bin, stärkt und belebt das,
was sie sind.*

*Das, was ich bin, ist unendlich.
Ich urteile nicht über die Entwicklung anderer
Menschen. Das, was sie jetzt gerade sind,
dient ihrem höchsten Wohl.*

*Alles, was ich an diesem Tag tue,
ist ein Ausdruck der Gotteskraft.
Deshalb ist alles, was ich tue, Teil meiner
unendlichen Kreativität.*

*Es gibt keine wirkliche Sünde,
nur Energie. Ich folge jederzeit der Energie
meiner höchsten Entwicklungsstufe,
und so möge es sein.*

Ich bin immer offen für Kommunikation mit meinem höheren Selbst, und diese Kommunikation führt mich zu meiner höchsten Entwicklungsstufe.

*Ich sage Dank für die Schönheit
dieses Tages, und möge die Energie dieser
Nacht Wieder-Aufbau und neue Aussichten
bringen. So möge es sein.*

Ihre Affirmationen sind wie Reisig im Feuer.

Wenn Sie morgens aufstehen, dann beginnen Sie damit, Energie für den Tag aufzubauen. Benutzen Sie Ihre Affirmationen, um diese Energie in Gang zu halten. Konzentrieren Sie sich einen Augenblick auf Ihre Mitte, damit Ihnen Ihre unendliche Schönheit und Ihr Platz in allen Dingen bewusst wird, und dann gehen Sie weiter.

Wenn Sie in einen zwischenmenschlichen Konflikt hineingezogen werden, nehmen Sie sich ein paar Minuten Zeit, um Ihre Energie wiederherzustellen, und sorgen Sie dafür, dass Ihre Energie stark ist, bevor Sie hinaus in den Tag gehen. Wenn Sie für Ihre Kraft sorgen und Ihr Leben ins Gleichgewicht bringen, dann kann Ihnen kein Unglück geschehen, und Sie werden Welten betreten, von denen nur wenige Menschen etwas ahnen.

Erschaffen Sie Ihren Tag so, wie Sie ihn sich wünschen; sehen Sie, dass er gut verläuft; sehen Sie jeden Menschen, den Sie treffen, positiv und offen für Ihre Energie; sehen Sie Ihren Tag harmonisch und im Fluss; und sehen Sie dann, wie Sie sich mit jeder Erfahrung weiterentwickeln.

Nehmen Sie schließlich, bevor Sie in den Tag hinausgehen, das weiße Licht des Lebendigen Geistes um sich herum wahrs, wie es Sie beschützt und stärkt in dem, was Sie sind. Erkennen Sie, dass das Licht immer stärker wird, je mehr Sie an sich glauben. Es wirkt wie ein Schild, und Sie sollten es mehrmals am Tag wieder mit neuer Energie aufladen, indem Sie es leuchtend und stark vor sich sehen und indem Sie bejahen, dass Sie ein Teil des Lebendigen Geistes oder Gottes sind und dass jeder Augenblick Ihres Lebens ein Augenblick der Freude und des Lernens ist.

Ihre Stellung als Wunderwirker hier auf Erden liegt in der unendlichen Kraft in Ihrem Innern. Diese unerschöpfliche Quelle ist da und wartet darauf, dass Sie kommen und sich Ihr Erbe aushändigen lassen, und wenn Sie es tun, wird die Kraft immer mit Ihnen sein …

… und das ist garantiert. So sei es.

Über den Autor

Stuart Wilde gehört zu den richtungsweisenden Persönlichkeiten des Human Potential Movement.

Zwölf Jahre lang widmete er sich der Ausbildung in den esoterischen Traditionen des europäischen und östlichen Mystizismus und entwickelte das Intensivtraining »The Warrior's Wisdom«, das heute als eines der besten Motivationsseminare gilt und jedes Jahr in New Mexico abgehalten wird. Stuart Wilde ist auch bekannt als »teacher's teacher« (zu seinen Schülern zählen u.a. die bekannten Autoren Deepak Chopra und Louise L. Hay).

Stuart Wilde hat inzwischen über 15 Bücher veröffentlicht, darunter einige Bestseller. Sein schrulliger und gleichzeitig scharfsinniger Stil hat ihm eine treue Leserschaft eingebracht und seine Bücher wurden in mehr als 15 Sprachen übersetzt.

Er lebt mit seiner Familie in Sydney, Australien.